Microsoft

Word 2013

Microsoft Word 2013
Pour Windows

Par : Jackson GERVAIS

Janvier 2015

i

Rédaction

Jackson GERVAIS

Conception graphique

Joseph Enoch GARÇON

Table des Matières

Chapitre 1
Introduction

Microsoft Word est un logiciel de traitement de texte mis en place par la société Microsoft. Ce logiciel permet la réalisation et la modification d'un texte, ce qui facilite la rédaction de documents tels que : rapport, lettre, curriculum vitae, journal,... Plusieurs versions de ce logiciel ont été créées par la société Microsoft. Ce logiciel est l'un des logiciels de traitement de texte les plus répandus. Il est utilisé par un grand nombre d'entreprises et aussi par des particuliers vivant dans différents pays. Cet ouvrage explique l'utilisation de Microsoft Word 2013. Les grands points abordés dans cet ouvrage sont entre autres :

- La présentation de la fenêtre de Microsoft Word 2013 et les différents menus.
- Quelques notions de base pour une meilleure compréhension du logiciel.
- Les différentes options de Microsoft Word 2013.
- Les démarches à suivre pour rédiger et sauvegarder un texte avec Microsoft Word.
- Des exercices permettant de mieux appréhender les notions vues.

1.1- Lancer et quitter Microsoft Word

1.1.1- Lancer Microsoft Word

En fonction de la version de Windows dont vous disposez, la marche à suivre pour lancer Microsoft Word peut être la suivante :

A l'aide du bouton gauche de la souris, cliquez sur :

a) Le bouton Démarrer ;

b) Programme ;

c) Microsoft Word.

Si vous disposez de Windows 8, le procédé pour lancer Microsoft Word 2013 à partir du bouton Démarrer est différent.

Une fois que **Microsoft Word 2013** est lancé, il offre plusieurs options (figure 1) :

a) Travailler à partir d'un fichier vierge.

b) Utiliser l'un des modèles offerts par Microsoft Word 2013.

c) Ouvrir un fichier récent.

Figure 1: Le Mode Backstage de Microsoft Word 2013

Microsoft Word offre une variété de modèles que vous pouvez utiliser sans trop de modifications. Les modèles peuvent être un moyen rapide pour réaliser un document. Ils comprennent des données enregistrées pour démontrer leur utilisation. Cliquez sur le modèle qui répond à vos besoins et vous pouvez apporter des modifications au modèle choisi.

Une fois que Microsoft Word est ouvert, il est possible de taper un texte, d'insérer un texte provenant d'un autre document et aussi de modifier le format du texte, …

Le bouton gauche de la souris sert à placer le curseur dans un endroit à sélectionner (dans ce cas, on clique une fois). Pour sélectionner certaines icônes, il faut cliquer deux fois. Pour être valide, le double-clic doit être fait très vite. Sinon, la commande sera assimilée à deux clics simples successifs.

Le bouton droit de la souris doit être utilisé une seule fois (on clique et on relâche). Le bouton droit sert à afficher un menu contextuel.

Dans le cadre de ce document, si le type n'est pas mentionné, il s'agit d'un clic simple fait avec le bouton gauche de la souris.

La souris peut être reconfigurée à partir du **Panneau de configuration**. Ce, dans le but d'inverser le rôle du bouton droit à ce du bouton gauche.

1.1.2- Quitter Microsoft Word

Pour fermer la fenêtre de Microsoft Word, vous pouvez utiliser : la barre d'outils d'accès rapide, le menu **Fichier** ou des touches du clavier.

1) A partir de la barre d'outils d'accès rapide

Cliquer sur l'icône de Microsoft Word qui se trouve dans la barre d'outils d'accès rapide et sélectionner **Fermer** dans la liste déroulante qui s'affiche.

<u>Ou</u>

Dans la barre d'outils d'accès rapide, double-cliquer sur l'icône de Microsoft Word .

2) A partir du menu Fichier

Cliquer sur le menu **Fichier** et choisir l'onglet **Fermer**.

3) Utiliser un raccourci clavier

Presser les touches : Alt+F4 (Annexe 1).

Vous pouvez aussi cliquer sur le bouton **Fermer** qui se trouve en haut et à droite de la fenêtre.

Quand vous fermez un document sans l'avoir enregistré ou si vous n'avez pas enregistré les dernières modifications apportées à un document, une boîte de dialogue s'affiche et offre trois options : Enregistrer - Ne pas Enregistrer - Annuler.

Cliquer sur :

- **Enregistrer :** pour enregistrer le document ou enregistrer les dernières modifications apportées au document.

- **Ne pas Enregistrer :** pour fermer le document sans l'avoir enregistré. Dans ce cas, les modifications apportées seront perdues.

- **Annuler :** pour laisser le ficher ouvert.

1.2-Présentation de la fenêtre principale de Microsoft Word 2013

La fenêtre de Microsoft Word 2013 est constituée des parties suivantes : la barre de titre, la barre de menus, la barre d'outils d'accès rapide, la barre d'état. La fenêtre de Microsoft Word 2013 se présente comme suit :

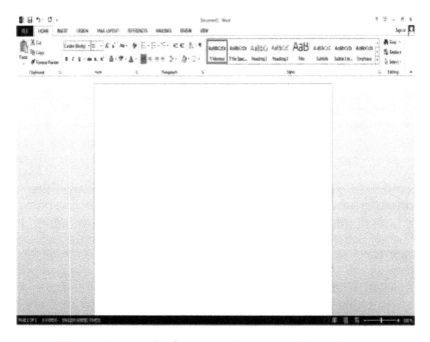

Figure 2 : La fenêtre de Microsoft Word 2013

1.3- La barre d'outils d'accès rapide

Par défaut, la barre d'outils d'accès rapide comprend :

- l'icône correspondant au type de fenêtre ⊞ ,
- le bouton enregistrer 🖫,
- Les icônes permettant d'annuler ou de répéter la dernière action ↺ ↻ ,

1.4- La barre de titre

La barre de titre se trouve généralement en haut et comprend le nom de la fenêtre en cours Document1 - Word .

Dans la partie droite, il y a :

- une icône permettant de trouver de l'aide ? ,
- trois icônes qui agissent sur la fenêtre permettant de : réduire ⁻ , agrandir ⬚ , fermer ✕ .

L'icône "**Agrandissement**" ⬚ change d'aspect en fonction de la taille de la fenêtre.

Lorsque vous placez le pointeur de la souris au-dessus des icônes agissant sur la fenêtre ⁻ ⬚ ✕ , vous allez voir leur fonction respective : Réduire - Agrandir / Restaurer - Fermer.

Ces commandes sont également accessibles en cliquant sur la barre de titre à l'aide du bouton droit de la souris.

1.5- Présentation des différents menus

La fenêtre de Microsoft Word 2013 présente les menus suivants : Fichier (File), Accueil (Home), Insertion (Insert), Conception (Design), Mise en Page (Page Layout), Références (References), Publipostage (Mailings), Révision (Review), Affichage (View). Chaque menu présente un ensemble d'icônes. Il faut cliquer sur le menu pour faire apparaître son contenu.

Figure 3 : La barre de menus

1) Fichier

Le menu **Fichier** présente les commandes de base telles que : Nouveau, Ouvrir, Enregistrer, Enregistrer sous, Imprimer, Fermer, …

Figure 4 : Présentation du menu Fichier

2) Accueil

Le menu **Accueil** présente un certains nombres d'icônes permettant entre autres de :

- Modifier le format (type, dimension, couleur) des caractères.

- Utiliser les commandes : copier, couper et coller.

- Accéder à la **feuille de styles**.

- Utiliser les fonctions : rechercher, remplacer et sélectionner.
- Aligner le texte à gauche, à droite et justifier.

Figure 5 : Présentation du menu Accueil

3) Insertion

Le menu **Insertion** permet entre autres :

- d'utiliser la fonction WordArt.
- d'insérer : un tableau, un graphique, une équation, un en-tête, un pied de page, une lettrine, des caractères spéciaux, un lien Internet, …

Figure 6 : Présentation du menu Insertion

4) Conception

Le menu **Conception** permet entre autres : de modifier la couleur de la page, d'insérer des bordures, de mettre un texte ou un objet en filigrane.

Figure 7 : Présentation du menu Conception

5) Mise en page

Le menu **Mise en Page** permet de modifier : les marges, le thème, la dimension des pages, la couleur de l'arrière-plan, l'orientation des pages, …

Figure 8 : Présentation du menu Mise en Page

6) Référence

Le menu **Référence** présente un certain nombre d'icônes permettant entre autres d'insérer : une table des matières, une note de bas de page, une liste de tableaux et de figures, …

Figure 9 : Présentation du menu Référence

7) Publipostage

Le menu **Publipostage** permet entre autres de :

- Créer ou modifier une enveloppe, un label.
- Utiliser les fonctions de Publipostage : créer une source de données, accéder à une source de données existante, sélectionner le type de récipient, ...

Figure 10 : Présentation du menu Publipostage

8) Révision

A partir du menu **Révision**, vous pouvez lancer le vérificateur orthographique, modifier les paramètres de langue, insérer des commentaires, ...

Figure 11 : Présentation du menu Révision

9) Affichage

Le menu **Affichage** offre la possibilité de modifier le mode d'affichage de la page, de faire un saut de page, de faire une vue avant impression, d'activer les règles, ...

Figure 12 : Présentation du menu Affichage

1.6- La barre d'état

La barre d'état se trouve au bas de la fenêtre. La barre d'état comprend entre autres :

- Le numéro de la page en cours PAGE 11 OF 56 ;

- Le nombre de mots que contient le texte 6173 WORDS ;

- La langue utilisée ENGLISH (UNITED STATES) ;

- Le mode d'affichage de la page ;

- La case Zoom 100 % .

Figure 13 : La barre d'état

13

1.7- Les ascenseurs et leurs utilisations

Les ascenseurs permettent aux utilisateurs de défiler les pages des documents. Ils sont aussi appelés : barres de défilement (horizontal ou vertical). Ils apparaissent quand le contenu de la fenêtre ne peut pas s'afficher dans sa totalité. Il existe deux types d'ascenseur :

- ascenseur vertical qui est le plus souvent à droite de la fenêtre. L'ascenseur vertical permet d'accéder aux pages suivantes et aux pages précédentes.

- ascenseur horizontal qui est au-dessous de la fenêtre.

L'utilisation de la molette de la souris peut remplacer celle de l'ascenseur vertical.

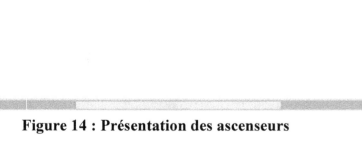

Figure 14 : Présentation des ascenseurs

Chapitre 2
Quelques Notions de Base

2.1- Les icônes

Une icône est une petite image permettant d'accéder à une commande. Elles sont présentes dans les différents menus.

Quelques icônes :

Icônes	Fonctions
Paste	Pour coller un texte ou un objet qui a été copié.
Find	Pour trouver un mot.
A	Pour modifier la couleur du texte.

2.2- Les boîtes de dialogue

Une boîte de dialogue est une fenêtre qui présente les paramètres d'une commande. Elle est composée de boutons et d'options permettant de modifier les paramètres. Une boîte de dialogue peut aussi comprendre :

- Une barre de titre ;

- Une zone de saisie ;

- Une liste déroulante ;
- Des cases à cocher.

Les boîtes de dialogues à onglets comprennent plusieurs onglets.

2.3- La souris

Les souris sont équipées de deux ou trois boutons. Le bouton gauche est le plus utilisé. Quand vous déplacez la souris, le pointeur de la souris se déplace également à l'écran de l'ordinateur.

Les souris possèdent une roulette de défilement. La roulette de la souris est très pratique et très simple à utiliser. Elle peut remplacer l'utilisation des ascenseurs. Elle peut être utilisée pour faire défiler le contenu d'un texte ou d'une page Web. Pour ce :

- placer le pointeur de la souris au-dessus de la fenêtre,
- au besoin, cliquer à l'intérieur de la fenêtre pour l'activer,
- actionner la molette vers le haut ou vers le bas pour faire défiler le contenu de la page.

2.4- Positionnement

Le positionnement consiste à placer le pointeur de la souris sur une partie d'un texte, un objet ou une commande dans le but de sélectionner le texte / l'objet ou d'activer la commande.

Un clic permet de :

- Sélectionner une icône se trouvant sur le **Bureau.**

- Dérouler le menu **Démarrer** ou un menu d'application.

- Lancer une application dans la barre d'outils d'accès rapide.
- Sélectionner un lien hypertexte.

Un double-clic permet de :

- Lancer une application ou ouvrir un fichier à partir du **Bureau**.

- Ouvrir un programme de configuration dans la partie droite de la barre des tâches.

- Sélectionner un mot à l'intérieur d'un texte.

2.5- Liste déroulante

Liste associée à une commande. Une fois sélectionnée, elle se déroule de façon verticale et permet d'accéder à plusieurs options.

2.6- Répertoire

Partie du système micro-informatique permettant de regrouper plusieurs fichiers. Le répertoire permet de classer les fichiers.

2.7- Une page

Une page est l'ensemble formé par la zone de texte et les bordures. Une page peut aussi comprendre un en-tête, un pied de page, une zone de bas de page.

2.8- Les règles

Les règles peuvent se situer en haut et à gauche de la zone de texte. Elles permettent de faire la mise en forme des paragraphes.

Pour activer les règles, cochez la case **Règle** (Ruler) ☐ Ruler qui se trouve dans le menu **Affichage**.

Figure 15 : Activation des règles

2.9- Fenêtre

La fenêtre de Microsoft Word peut s'afficher de trois façons :

-   Complète : dans ce cas tous les éléments de la fenêtre sont présents.

-   En mode plein écran : dans ce cas, il n'y pas de bordures.

-   Réduire en une icône dans la barre des tâches lorsque vous cliquez sur le bouton réduction ➡ – 🗗 ✕ .

Pour déplacer une fenêtre, cliquer dans la barre de titre et déplacer le curseur en maintenant le bouton gauche de la souris enfoncé.

Si plusieurs fenêtres sont ouvertes, vous pouvez les disposez de plusieurs façons. Pour ce, utiliser les icônes du groupe **Fenêtre** qui se trouve dans le menu **Affichage**.

Figure 16 : Le groupe Fenêtre du menu Affichage

Pour modifier la disposition des fenêtres, cliquer sur les icônes :

- : pour tout arranger.

- Split : pour diviser la fenêtre.

- ⊡ View Side by Side : pour afficher les fenêtres sous forme de diapositives l'une à côté de l'autre.

Chapitre 3
Enregistrer et ouvrir un document

Après avoir rédigé un texte, il va falloir l'enregistrer dans un répertoire de l'ordinateur ou sur un support externe. Ce chapitre présente les démarches à suivre pour ouvrir et sauvegarder un fichier de Microsoft Word. Dans la plupart des cas, cela implique une ou plusieurs opérations.

3.1- Enregistrer un document

3.1.1- Enregistrer un document existant

Lors de l'enregistrement d'un document existant, deux cas peuvent se présenter :

- Enregistrer le document existant sans modifier le nom.

- Enregistrer le document en utilisant un autre nom. Dans ce cas, vous aurez la possibilité d'enregistrer le document dans le même répertoire ou de choisir un autre répertoire.

1er Cas : Enregistrer un document existant sans modifier le nom

Pour enregistrer un document existant sans modifier le nom, procéder comme suit :

1) Cliquer sur le menu **Fichier** ;

2) Dans le menu **Fichier**, choisir **Enregistrer (Save)**.

<u>Ou</u>

Cliquer sur l'icône **Enregistrer** dans la barre d'outils d'accès rapide.

2ème Cas : Enregistrer un document sous un autre nom

Pour enregistrer un document existant sous un autre nom, procéder comme suit :

1) Cliquer sur le menu **Fichier** ;

2) Cliquer sur **Enregistrer sous (Save as)** ;

3) Après avoir cliqué sur **Enregistrer sous**, la fenêtre suivante s'ouvre :

Figure 17 : La fenêtre permettant de choisir le répertoire

Dans la fenêtre qui s'affiche (figure 17), cliquer sur l'un des répertoires.

Cliquer sur :

- **Computer** Computer pour accéder aux différents répertoires de l'ordinateur et aux supports externes : CD, Clé USB, ...

- **Dossiers récents** Recent Folders pour accéder à la liste des dossiers récemment utilisés.

23

- Si le dossier voulu n'est pas affiché, cliquer sur **Parcourir** Browse pour accéder à plus de dossiers.

4) Après avoir choisi le répertoire, la boîte de dialogue suivante s'affiche :

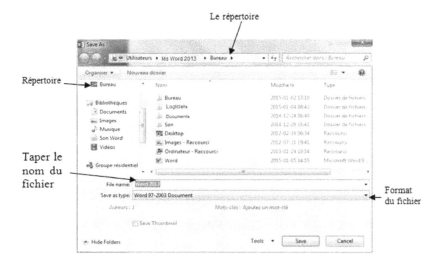

Figure 18 : La boîte de dialogue Enregister sous

5) Dans la boîte de dialogue **Enregistrer sous**, vous pouvez cliquer sur la flèche en haut pour modifier le répertoire dans lequel vous voulez enregistrer le document. Vous pouvez aussi cliquer dans la partie gauche.

6) Taper le nom du fichier dans la zone **Nom du Fichier (File Name)** ;

7) Cliquer sur la flèche en bas pour choisir le format du fichier. Pour un fichier de Microsoft Word, vous pouvez choisir : Word Document, Word 97-2003 Document, ...

8) Au bas de la boîte de dialogue **Enregister sous**, cliquer sur **Enregistrer (Save)** Save .

3.1.2- Enregistrer un document pour la première fois

Quand vous enregistrez un document pour la première fois, vous devez procéder de la même façon que lorsque vous enregistrez un document existant. Cependant, les commandes **Enregistrer** et **Enregistrer sous** permettent d'afficher la boîte de dialogue **Enregistrer sous**.

Pour enregistrer un document pour la première fois, procéder comme suit :

1) Cliquer sur le menu **Fichier** ;

2) Cliquer sur **Enregistrer (Save)** ou **Enregistrer sous (Save as)** pour afficher la boîte de dialogue **Enregistrer sous**.

Ensuite, suivre les autres étapes décrites dans le deuxième cas de la section 3.1.1.

L'enregistrement peut se faire de façon automatique. Pour modifier les paramètres de sauvegarde automatique. Cliquer sur l'onglet **Options** dans le menu **Fichier**. Cliquer sur **Enregistrer** pour modifier les paramètres de l'enregistrement automatique.

3.2- Ouvrir un document

Il y a plusieurs façons d'ouvrir un document selon qu'il s'agit d'un document récent ou non, le répertoire dans lequel le document a été enregistré.

3.2.1- Ouvrir un fichier récent

Une fois que la fenêtre de Microsoft Word est ouverte, la démarche pour accéder à un document récent est la suivante :

1) Cliquez sur le menu **Fichier** ;

2) Dans le menu **Fichier**, cliquez sur **Ouvrir** (**Open**) ;

3) Dans la fenêtre qui s'affiche, cliquez sur **Documents Récents** pour obtenir la fenêtre suivante :

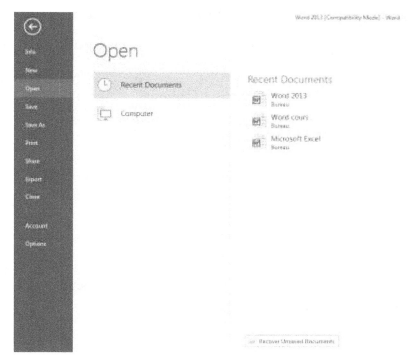

Figure 19 : Répertoire des Documents Récents

Dans la partie droite sont affichés les documents récemment utilisés.

4) Double-cliquer sur l'un des fichiers récemment utilisés.

Les documents récents sont aussi affichés dans le **mode Backstage** (figure 1). Double-cliquer sur le fichier à ouvrir.

3.2.2- Modifier le nombre de fichiers récents affichés

Pour modifier le nombre de fichiers récents qui s'affichent, procéder comme suit :

1) Dans le menu **Fichier**, cliquer sur **Options** ;

2) Dans la boîte de dialogue **Options** de Microsoft Word, cliquez sur **Paramètres du client** ;

3) Dans la partie **Affichage**, saisir le nombre de documents à afficher dans la liste des documents récents.

3.2.3- Ouvrir un fichier non récent

Pour ouvrir un fichier qui ne fait pas partie des documents récemment utilisés, procéder comme suit :

1) Cliquez sur le menu **Fichier ;**

2) Dans le menu **Fichier**, cliquez sur **Ouvrir (Open)** ;

3) Dans la fenêtre qui s'affiche, cliquez sur **Computer**

pour obtenir la fenêtre suivante :

Figure 20 : L'onglet Ouvrir du menu Fichier

Dans la partie droite se trouve un ensemble de répertoires (Bureau, Mes Documents, ...). Cliquer sur l'un des répertoires affichés.

Si le dossier recherché ne se retrouve pas dans la liste des

dossiers qui s'affichent, cliquer sur **Parcourir** Browse pour accéder à d'autres dossiers.

4) En cliquant sur **Mes Documents,** vous accédez à une fenêtre qui presente les différents fichiers et dossiers enregisrés dans **Mes Documents**.

29

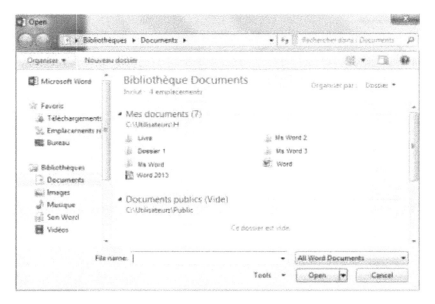

Figure 21 : Présentation du répertoire Document

5) Dans la boîte de dialogue qui s'affiche (figure 21), double cliquez sur le fichier recherché.

Ou

Cliquer sur le nom du fichier désiré, puis cliquer sur **Ouvrir (Open)**.

Le fichier peut être ouvert de plusieurs façons :

- Double-cliquer sur un fichier pour l'ouvrir dans le mode par défaut.

- Sélectionner le fichier. Cliquer sur la flèche à côté du bouton **Ouvrir**, puis cliquer sur **Ouvrir en lecture seule** pour ouvrir le fichier pour un accès en lecture seule.

- Sélectionner le fichier. Cliquer sur la flèche à côté du bouton **Ouvrir**, puis cliquer sur **Ouvrir en exclusif** pour ouvrir le fichier en utilisant un accès exclusif.

3.3- Rechercher un fichier

Un fichier peut être recherché à partir du menu **Démarrer.** Taper le nom du fichier dans la zone de saisie et cliquer sur parcourir ou presser la touche **Enter** du clavier.

Chapitre 4
Déplacement et sélection

4.1- Déplacement dans un document

Pour déplacer dans un document, il est possible d'utiliser : le clavier, la souris et aussi les commandes (rechercher et remplacer).

4.1.1- Déplacement au moyen du clavier

Le clavier présente différentes touches pour faciliter le déplacement dans un document : les flèches de direction, la barre d'espacement, la touche Tab, ... Il est possible d'utiliser la combinaison de plusieurs touches du clavier (annexe 1).

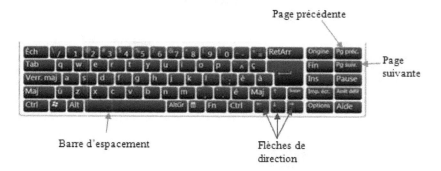

Figure 22 : Présentation du clavier

Pour déplacer dans une boîte de dialogue, utiliser les touches suivantes :

- **Tab** : pour passer d'un élément à l'élément suivant.
- **Maj+Tab** : pour positionner le curseur sur l'élément précédent.

4.1.2- Déplacement au moyen de la souris

Le déplacement peut se faire au moyen de la souris :

- en utilisant la molette de la souris pour faire défiler le texte vers le haut ou vers le bas,
- en cliquant sur les barres de défilement.

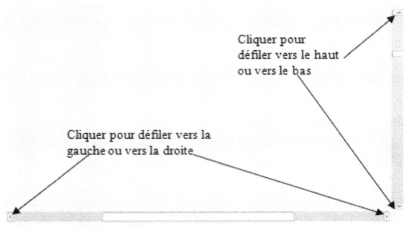

Cliquer pour
défiler vers le haut
ou vers le bas

Cliquer pour défiler vers la
gauche ou vers la droite

Figure 23 : Déplacement dans un document en cliquant sur les ascenseurs

4.1.3- Déplacement au moyen des commandes

Dans le menu **Accueil (Home)**, cliquer sur les commandes se trouvant dans le groupe **Edition** : Trouver (Find), Remplacer (Replace), Sélectionner (Select).

Figure 24 : Le groupe Edition du menu Accueil

1) La commande Trouver

Rechercher 🔍 Find ▾ permet de trouver un mot dans le texte. Cette commande permet aussi de rechercher : un objet, un graphique, …

En cliquant sur la flèche à coté de **Rechercher** 🔍 Find ▾ ⇐ , une liste déroulante s'affiche offant trois options. La première option permettra de rechercher un mot, un objet, … (figure 25). Les deux autres options permettront d'accéder à la boîte de dialogue **Trouver et Remplacer** (figure 26).

En cliquant sur l'icône **Rechercher** 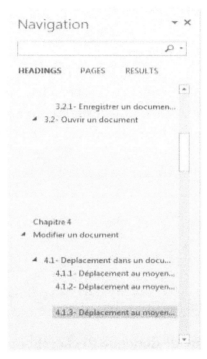 Find ▾, vous obtenez la figure suivante :

Figure 25 : La fenêtre permettant de rechecher un mot

Dans la zone de saisie ⌷ 🔍▾ taper le mot à rechercher ;

- Presser la touche **Enter** du clavier ou cliquer sur le bouton **Parcourir** 🔍▾ ;

- Les résultats vont apparaître au bas de la fenêtre. Au cas où, le mot recherché se trouve dans le texte. Il sera coloré en jaune dans les différentes parties du texte.

2) La commande Remplacer

Remplacer _{ab}ac Replace permet de rechercher un mot et le remplacer par un autre. En cliquant sur **Remplacer**, la boîte de dialogue **Rechercher** et **Remplacer** sera affiché :

Figure 26 : La boîte de dialogue Rechercher et Remplacer

Dans l'onglet **Rechercher**, vous pouvez trouver un mot. L'onglet **Remplacer** vous permet de remplacer le mot par un autre.

Dans l'onglet **Remplacer**, taper le mot à rechercher dans la première zone de saisie Find what: ⎍ et taper le deuxième mot Replace with: ⎍ dans la deuxième zone de saisie.

36

4.2- Sélectionner un texte

Un texte peut être sélectionné avec la souris, le clavier et les commandes.

4.2.1- Sélectionner avec la souris

Placer la souris à l'endroit à sélectionner, utiliser le cliquer-glisser :

- cliquer au début du texte à l'aide du bouton gauche de la souris,

- maintenir le bouton de la souris enfoncé,

- faire glisser le pointeur de la souris jusqu'à la fin du texte que vous voulez sélectionner,

- relâcher le bouton de la souris.

On peut aussi :

- Double-cliquer sur un mot pour le sélectionner.

- Un double clic au début d'une ligne permet de sélectionner la ligne.

Le texte sélectionné apparaît en "surbrillance".

4.2.2- Sélectionner avec le clavier

Pour sélectionner à partir du clavier, vous pouvez :

- Appuyer sur la touche **Majuscule** (**Shift**) et la maintenir enfoncée ;

- Utiliser les flèches de direction pour étendre la sélection;

Vous pouvez aussi utiliser l'un des procédés suivants :

- Appuyer sur la touche **F8** du clavier, puis utiliser les flèches de direction pour étendre la sélection. Puis, presser la touche **Esc** pour quitter la sélection.

- Presser les touches **CRL + A** pour sélectionner tout le texte.

Le texte peut être sélectionné à partir de la commande **Sélectionner** ⌖ Select ⌄ pour sélectionner tout le texte, un objet ou une partie du texte.

Chapitre 5
Les commandes Couper, Copier et Coller

Les commandes (couper, copier et coller) permettent de conserver des données (texte, image, son, ...) dans le presse-papier afin de les transférer dans une autre partie du document ou dans un autre document. Il faudra avant tout sélectionner les données.

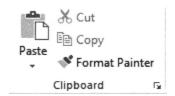

Figure 27 : Les commandes Coller, Couper et Copier

5.1- Les commandes Copier - Coller

La commande **Copier** permet d'enregistrer temporairement dans la mémoire de l'ordinateur un texte, une image, un son, un fichier,... La commande **Coller** permet d'insérer les mots ou les objets copiés / coupés dans une autre partie du texte ou dans un autre document.

Il existe trois façons pour utiliser les commandes **Couper, Copier** et **Coller** :

1) Avec les boutons de la souris

Pour utiliser les commandes **Couper, Copier** et **Coller** à partir des boutons de la souris, procéder comme suit :

- Sélectionner le texte ou l'objet à l'aide du bouton gauche de la souris ;

- Cliquer sur le bouton droit de la souris pour afficher une liste déroulante ;

- Dans la liste déroulante, cliquer sur **Copier** (ou **Couper**) à l'aide du bouton gauche de la souris ;

- Placer le curseur à l'endroit où vous voulez coller le texte ou l'objet ;

- Faire un clic droit pour afficher la liste déroulante ;

- Dans la liste déroulante, cliquer sur **Coller** à l'aide du bouton gauche de la souris.

2) En utilisant les icônes Couper, Copier et Coller du menu Accueil

Pour utiliser les commandes **Couper, Copier** et **Coller** du menu **Accueil**, procéder comme suit :

- Sélectionnez le (s) mot (s) ;

- Cliquez sur **Couper (Cut)** ✂ Cut pour couper les mots sélectionnés ;

<u>Ou</u>

- Cliquez sur **Copier (Copy)** 📋 Copy pour copier les mots sélectionnés ;

- Placez le curseur à l'endroit où vous voulez coller le mot ;

- Cliquez sur **Coller** 📋 Paste à l'aide du bouton gauche de la souris.

3) En utilisant les touches du clavier

Pour copier et coller des mots à l'aide des touches du clavier, procéder comme suit :

- Sélectionnez le (s) mot (s) ;

- Pressez les touches du clavier **Ctrl+X** pour couper le (s) mot (s) ;

Ou

- Pressez les touches du clavier **Ctrl+C** pour copier le (s) mot (s) ;

- Placez le curseur à l'endroit où vous voulez coller le (s) mot (s) ;

- Pressez les touches du clavier **Ctrl+V** pour coller le (s) mot (s).

5.2- Utilisation du glisser-déplacer

La disposition d'un texte peut être modifiée en utilisant la méthode glisser-déplacer.

Cette méthode fonctionne avec un texte que l'on peut modifier. La démarche à suivre est la suivante :

1) Sélectionner le texte avec la souris, puis relâcher le bouton de la souris ;

2) Cliquer à l'intérieur de la partie sélectionnée avec le bouton gauche sans le relâcher ;

3) Déplacer la partie en surbrillance pour la placer dans le nouvel emplacement. (L'endroit où se trouve le curseur, indique l'endroit où le début du texte va être placé).

5.3- Supprimer un texte

Pour supprimer un texte, procéder comme suit :

1) Sélectionner le texte ;

2) Cliquer sur l'icône **Couper (Cut)** ✂ Cut qui se trouve dans le menu **Accueil (Home)**.

<u>Ou</u>

Sélectionner le texte et presser les touches suivantes du clavier : Backspace, Delete ou la Barre d'espacement.

Au cas où le texte n'est pas sélectionné, la touche du clavier **Backspace** permettra d'effacer les mots qui se trouvent à gauche du curseur. Tandis que la touche **Delete** permettra d'effacer les mots se trouvant à droite du curseur.

Chapitre 6
Modifier le format d'un texte

Microsoft Word offre de nombreuses options permettant de modifier le texte selon votre préférence. Les notions à voir dans le cadre de ce chapitre sont : les polices de caractères, la modification du texte en plusieurs colonnes, lettrine, …

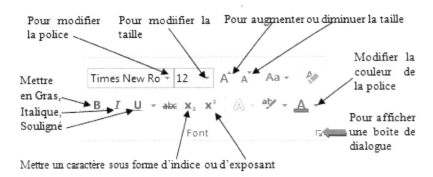

Figure 28 : Le groupe Police du menu Accueil

Dans le groupe **Police** du menu **Accueil (Home)**, cliquer sur :
G (ou **B**) : pour mettre un mot ou un texte en gras.
I   : pour mettre un mot ou un texte en italique.
<u>S</u>   : pour souligner un mot ou un texte.

6.1- Définir police

Pour modifier les polices de caractères, vous pouvez utiliser les icônes du groupe **Police** qui se trouve dans le menu **Accueil** ou utiliser la boîte de dialogue **Police** (figure 29).

Procédé 1- Définir police à partir du menu Accueil

1) Les polices de caractères

Pour modifier les polices de caractères, la démarche à suivre est la suivante :

- Sélectionner le (s) mot (s) ;

- Dans le menu **Accueil (Home)**, cliquer sur la flèche
  pour ouvrir la liste déroulante des polices de caractères ;

- Cliquer sur le nom de la police que vous désirez affectée aux mots sélectionnés.

2) Taille de la police

Pour modifier la taille de la police, procéder comme suit :

- Sélectionner le (s) mot (s)

- Cliquer sur la flèche ⬚ se trouvant à droite de la taille des caractères ⬚ 12 ⬚ pour faire apparaître la liste des tailles de caractères, puis cliquer sur l'une des dimensions affichées.

Dans le groupe **Police** du menu **Accueil**, vous pouvez cliquer sur l'icône A⁺ pour augmenter la taille de la police et sur l'icône A⁻ pour diminuer la taille de la police.

Procédé 2 - Définir police à partir du bouton droit de la souris

Pour définir police à partir du bouton droit de la souris, procéder comme suit :

1) Sélectionner le mot ou le texte ;

2) Cliquer sur le bouton droit de la souris ;

3) Une liste déroulante s'affiche ;

4) A l'aide du bouton gauche de la souris, cliquer sur **Police (Font)** ;

5) La boîte de dialogue **Police** s'affiche ;

6) Dans la boîte de dialogue **Police**, cliquer sur l'onglet **Police**.

<u>Ou</u>

Cliquer sur la flèche 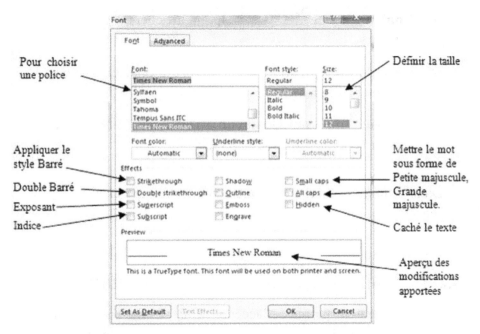 se trouvant à droite du groupe **Police** du menu **Accueil** pour afficher la boîte de dialogue **Police**. Cliquer sur l'onglet **Police** pour obtenir la figure suivante :

Figure 29 : La boîte de dialogue Police

47

Dans la boîte de dialogue **Police**, cliquer sur :

- **Police** Font: : pour sélectionner une police dans la liste des polices.

- **Style de Police** Font style: : pour sélectionner le style de police : Normal, Italique, Gras, Gras Italique.

- **Taille** Size: : pour afficher la liste des dimensions.

- **Couleur Police** Font color: : pour afficher la liste des couleurs.

- **Style de soulignement** Underline style: : pour choisir un style de soulignement.

- **Couleur du soulignement** Underline color: : pour choisir la couleur du soulignement.

5) Dans la boîte de dialogue **Police**, choisir le type et la taille des caractères. Ensuite, cliquer sur **OK**.

6.2- La feuille de styles de Microsoft Word 2013

Le menu **Accueil** permet d'accéder à la feuille de styles de **Microsoft Word 2013**. Pour afficher l'intégralité des styles disponibles, cliquer sur la flèche se trouvant à droite du groupe **Styles**.

Pour appliquer un style à une phrase, sélectionner la phrase et cliquer sur l'un des styles.

Figure 30 : Le groupe Styles du menu Accueil

6.3- Les interlignes

L'interligne peut être défini comme la distance entre les lignes. Microsoft Word propose les distances suivantes : 1,0 - 1,15 - 1,5 - 2,0 - 2.5 - 3,0. La marche à suivre pour modifier les interlignes est la suivante :

1) Sélectionner le texte ;
2) Cliquer sur l'icône permettant de modifier les interlignes

   qui se trouve dans le groupe **Paragraphe** du menu **Accueil (Home)** ;
3) Une liste déroulante s'affiche présentant les différents interlignes et des options pour modifier l'espace entre les lignes ;

4) Cliquer sur l'un des interlignes à l'aide d'un clic gauche.

6.4- L'alignement

Dans le logiciel Microsoft Word, le texte peut être aligné de plusieurs façons. Pour modifier l'alignement d'un texte, il faut d'abord sélectionner le texte. Dans le menu **Accueil (Home)**, cliquer sur l'un des alignements suivants : à gauche, centré, aligné à droite ou justifié.

Figure 31 : Le groupe Paragraphe du menu Accueil

6.5- Mettre une lettre sous forme de Lettrine

Pour mettre une lettre sous forme de Lettrine, sélectionner la lettre puis cliquer sur **Lettrine (Drop Cap)** qui se trouve dans le menu **Insertion (Insert)**.

Cliquer sur **Letrine** pour afficher une liste déroulante offrant plusieurs possibilités :

- None : Aucune lettrine

- Dropped : Lettrine

50

-  : Lettrine dans les marges

- Options de Lettrine : pour avoir plus de possibilités.

En cliquant sur **Options de Lettrine**, la boîte de dialogue suivante s'affiche :

Figure 32 : La boîte de dialogue Lettrine

Dans la boîte de dialogue **Lettrine**, choisir la position de la lettrine, définir la police, le nombre de lignes à prendre compte, la distance de la lettrine par rapport au texte. Ensuite, cliquer sur **OK**.

6.6- Mettre un texte en plusieurs colonnes

Pour mettre un texte en plusieurs colonnes, sélectionner le texte. Dans le menu **Mise en Page** (**Page Layout**), cliquer sur **Colonnes** (**Columns**) .

Une liste déroulante s'affiche, cliquer sur :

- Une : pour avoir une seule colonne.

- Deux : pour avoir deux colonnes.

- Trois : pour avoir trois colonnes.

- Gauche : pour avoir deux colonnes (mais l'une des colonnes sera plus large).

- Droit : pour avoir deux colonnes (mais l'une des colonnes sera plus large).

- **Plus de colonnes** (**More Columns**) permet d'avoir la boîte de dialogue **Colonne**.

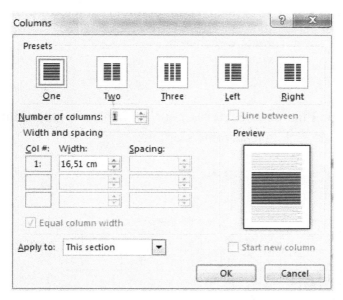

Figure 33 : La boîte de dialogue Colonnes

Dans la boîte de dialogue **Colonnes**, choisir le nombre de colonnes, la largeur des colonnes, la section concernée. Si vous voulez mettre une ligne séparatrice, cocher la case **ligne séparatrice** ☐ Line between . Ensuite, cliquer sur **OK**.

6.7- Caractères spéciaux

Pour insérer des caractères spéciaux, la démarche à suivre est la suivante :

1) Dans le menu **Insertion (Insert)**, cliquer sur **Caractères spéciaux (Symbol)** Ω Symbol ▾ ;

2) Une liste s'affiche et présente les derniers caractères utilisés;

3) Cliquer sur le caractère recherché.

Ou

Cliquer sur **Plus de caractères** pour avoir plus de possibilités et la boîte de dialogue suivante s'affiche :

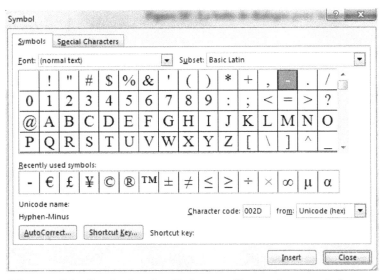

Figure 34 : La boîte de dialogue Caractères spéciaux

Dans la boîte de dialogue **Caractères spéciaux**, cliquer sur l'un des caractères. Cliquer sur **Insérer** (**Insert**). Ensuite, cliquer sur **Fermer** (**Close**).

Chapitre 7
Bordure et Trame

Les bordures sont des traits, dessins qui limitent une page, un paragraphe, un texte, un objet, ... Et, le trame est une coloration apportée à l'arrière-plan d'un document. Les bordures et les trames peuvent être ajoutées à une partie dans une page, à une page entière et aussi à toutes les pages d'un document. Ce chapitre présente les démarches à suivre pour insérer des bordures et des trames dans un document de Microsoft Word.

7.1- Bordures

7.1.1- Bordure d'un texte

Pour placer une bordure à l'extrémité d'un texte, la démarche à suivre est la suivante :

1) Sélectionner le texte ;

2) Dans le menu **Conception (Design)**, cliquer sur l'icône

Bordures de Page (Page Borders) Page Borders .

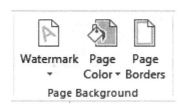

Figure 35 : Le groupe Arrière-Plan Page

3) Une boîte de dialogue s'affiche - Cliquer sur l'onglet **Bordures (Boders)** pour avoir la possibilité d'insérer des bordures à un texte.

Dans l'onglet **Bordures** de la boite de dialogue **Bordures et Trame**, vous pouvez choisir :

- un type d'encadrement,

- le style de bordure,

- la couleur des bordures,

- l'épaisseur des bordures.

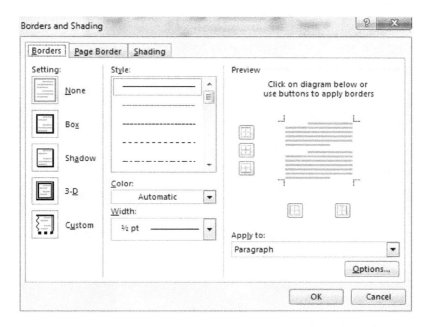

Figure 36 : L'onglet Bordures de la boîte de dialogue Bordures et Trame

4) Dans la partie **Paramètre (Setting)**, cliquer sur l'un des encadrements disponibles pour choisir l'un d'eux. (Cliquer sur **Aucun** si vous ne voulez pas insérer de bordure).

5) Appliquer la bordure à : **Texte** ou **Paragraphe** ;

6) Cliquer sur **OK** pour valider les modifications apportées.

7.1.2- Bordure de page

Pour placer des bordures à une ou plusieurs pages, procéder comme suit :

1) Dans le menu **Conception (Design)**, cliquer sur **Bordures de Page (Page Borders)**.

2) Une boîte de dialogue s'affiche - Cliquer sur l'onglet **Bordures de pages (Page Boders)** pour obtenir la figure suivante :

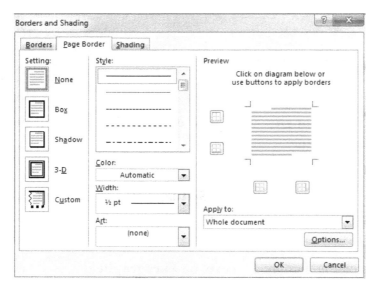

Figure 37 : La boîte de dialogue Bordures et Trame

3) Dans partie la partie **Paramètre (Setting)**, cliquer sur l'un des encadrements disponibles.

Ou

Cliquer sur **Aucun** : pour ne pas appliquer une bordure à la page ;

4) Cliquer sur la flèche se trouvant à droite de la case **Appliquer à** (**Apply to**) pour appliquer la bordure à : la première page, cette section, 1ère page seulement ou cette section exceptée la 1ère page ;

5) Cliquer sur **OK** pour valider les modifications apportées.

7.1.3- Trame de fond

Microsoft Word offre un fond coloré en blanc. Cette coloration peut être modifiée en procédant comme suit :

1) Sélectionner la partie du texte à laquelle vous voulez appliquer la trame de fond.

2) Dans le menu **Conception** (**Design**), cliquer sur **Bordures** **de Page** (**Page Borders**) . Une boîte de dialogue s'affiche.

3) Cliquer sur l'onglet **Trame** (**Shading**) pour obtenir la figure suivante :

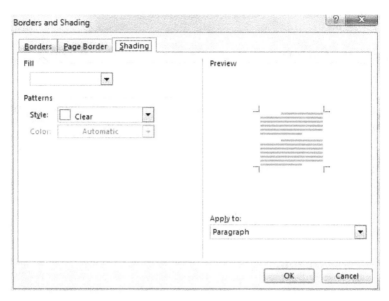

Figure 38 : L'onglet Trame de la boîte dialogue Bordures et Trame

4) Dans la première case (figure 38), choisir la couleur du champ. Cliquer sur la flèche pour faire défiler la liste des couleurs. Ensuite, cliquer sur l'une d'elles.

5) Le style et la couleur du **Pattern** peuvent être modifiés. Cliquer sur la flèche située à droite de **Style** pour défiler les différents styles et cliquer sur la flèche située à droite de **Couleu**r pour défiler les différentes couleurs disponibles.

60

6) Choisir le style et la couleur désirés, puis cliquer sur **OK.**

7.2- Couleur de page

Par défaut, Microsoft Word présente des pages de couleur blanche. Cependant, la couleur de la page peut être modifiée à partir du menu **Conception**. Pour modifier la couleur de la page, procéder comme suit:

1) Dans le menu **Conception (Design)**, cliquer sur **Couleur de**

Page (Page Color) ;

2) Choisir la couleur désirée dans la liste de couleur.

<u>**Ou**</u>

Cliquer sur **Plus de couleurs** pour accéder à plus de couleurs et avoir la possibilité de les personnaliser.

Chapitre 8
Mise en page

Microsoft Word permet d'apporter des modifications aux pages du document. Dans ce chapitre, les modifications les plus importantes seront prises en comptes telles que : l'orientation des pages, le saut de page, la modification des marges, l'insertion de numéros de page, … La modification des pages du document peut se faire à partir du menu **Mise en Page.**

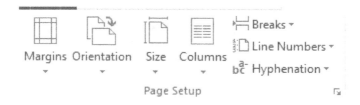

Figure 39: Le groupe Mise en Page

8.1- Orientation des pages

La page peut se présenter de deux façons : Portrait ou Paysage. Par défaut, la page de Microsoft Word se présente sous forme de Portrait. La marche à suivre pour mettre une page sous forme de Paysage est la suivante :

1) Dans le menu **Mise en Page**, cliquer sur **Orientation**

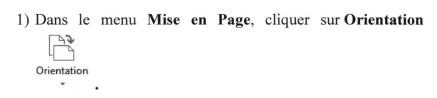

.

2) Une liste s'affiche présentant les deux modes d'affichage de la page, cliquer sur **Paysage** (**Landscape**) pour mettre les pages sous forme de Paysage et sur **Portrait** pour mettre les pages sous forme de Portrait.

Figure 40 : Présentation d'une page sous forme de Portrait

Figure 41 : Présentation d'une page sous forme de Paysage

8.2- Marge

La marge est la partie se trouvant à côté de la zone de texte, il est possible de modifier les marges (en haut, en bas, à droite et à gauche) du texte. Pour modifier les marges, procéder comme suit :

1) Dans le menu **Mise en page** (**Page Layout**), cliquer sur **Marges** (**Margins**) ;

2) Une liste de modèles s'affiche, cliquer sur l'un des modèles afin de le sélectionner ;

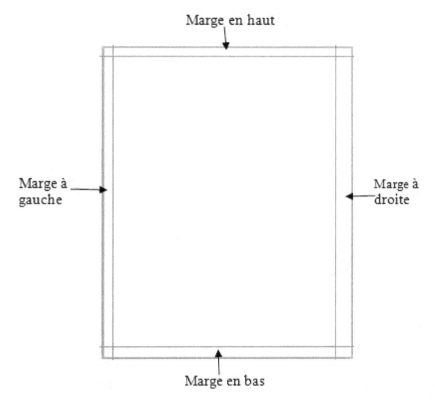

Figure 42 : Présentation des marges d'une page

<u>**Ou**</u>

Cliquer sur **Modifier les marges (Custom Margins)** pour avoir la possibilité de personnaliser les marges. En cliquant sur **Modifier les marges**, vous obtenez la boîte de dialogue suivante :

Figure 43 : L'onglet Marges de la boîte de dialogue Mise en Page

3) Dans la partie **Marge**, cliquer sur les boutons supérieurs (pour augmenter la dimension) ou sur les boutons inférieurs (pour diminuer la dimension) afin de modifier les marges (en haut, en bas, à droite et à gauche) de la page ;

4) Choisir l'endroit où les paramètres vont être appliqués. Ensuite, cliquer sur **OK**.

66

8.3- Dimension des pages

Pour modifier la dimension du papier, cliquer sur l'icône

Taille  dans le menu **Mise en Page** (**Page Layout**). Une liste de dimensions apparait, cliquer sur l'une d'elles.

<u>Ou</u>

1) Cliquer sur **Plus de Dimensions Papiers** pour avoir plus de possibilités ;

Figure 44 : L'onglet Papier de la boîte de dialogue Mise en Page

2) Cliquer sur l'onglet **Papier (Paper)** ;

3) Dans la zone **Dimension Papier**, choisir un format prédéfini ou cliquer sur les flèches pour augmenter ou diminuer la largeur et la longueur du papier ;

4) Choisir l'endroit où les paramètres vont être appliqués Cliquer sur **OK**.

8.4- Insérer une ou plusieurs pages dans un texte

Le saut de page se fait de façon automatique au moment de rédiger un document. Mais, pour éviter des coupures dans les phrases situées au bas de la page, il est possible de faire un saut de page. Pour insérer des pages, procéder comme suit :

1) Placer le curseur à l'endroit où l'on veut insérer le saut de page ;

2) Dans le menu **Insertion (Insert)**, cliquer sur **Saut de Page (Page Break)** ⊢╤ Page Break qui se trouve dans le groupe **Pages**.

8.5- Insérer des numéros de page

Le numéro de page peut se situer dans les marges, en haut ou en bas. Pour insérer des numéros de page, procéder comme suit :

1) Dans le menu **Insertion (Insert)**, cliquer sur **Numéro de Page (Page Number)**  qui se trouve dans le groupe **En-tête & Pied de page (Header & Footer)** ;

Figure 45 : Le groupe En-tête & Pied de Page

2) Une liste déroulante s'affiche présentant plusieurs options :

- Insérer numéro en haut de la page.

- Insérer numéro au bas de la page.

- Insérer numéro dans les marges.

- Format Numéro de Page.

- Annuler Numéro de page.

3) Cliquer sur l'un des trois premères options pour insérer un numéro de page en haut, en bas ou dans les marges. Ensuite, cliquer sur l'un des modèles associés.

Ou

Cliquer sur **Format Numéro de Page** pour afficher la boîte de dialogue suivante :

Figure 46 : La boîte de dialogue Format Numéro de Page

Dans la boîte de dialogue **Format Numéro de Page**, cliquer sur :

- La flèche située à droite de la case Format de numéro

pour choisir le format du numéro de page :

  - 1, 2, 3, …
  - 1, -2, -,…
  - a, b, c, …
  - A, B, C, …
  - i, ii, iii, …
  - I, II, III, …

- Cocher la case pour intégrer les titres des chapitres dans la numérotation ;

- Choisir l'option permettant de continuer avec la numérotation de la section précédente ou choisir un autre numéro pour commencer ;

- Cliquer sur **OK**.

8.6- En-tête et pied de page

L'en-tête et le pied de page peut servir pour insérer du texte ou des numéros de page dans les marges de la page. L'en-tête est placé en haut de la page et le pied de page est placé au bas de la page.

Figure 47 : Le groupe En-tête et Pied de page

Pour insérer un en-tête, la démarche à suivre est la suivante :

1) Dans le menu **Insertion** (**Insert**), cliquer sur **En-tête** (**Header**).

2) Une liste déroulante s'affiche, cliquer sur l'un des styles proposés pour avoir la possibilité d'écrire le texte à mettre à l'en-tête du document. Cliquer sur **Fermer En-tête et pied de page** (**Close Header and Footer**) pour fermer la fenêtre et accéder au texte principal.

Pour insérer un **pied de page**, cliquer sur **Pied de Page** (**Footer**) dans le menu **Insertion** (**Insert**). Ensuite, cliquer sur l'un des styles proposés pour avoir la possibilité d'écrire le texte à mettre au pied de page.

En travaillant sur une page, l'en-tête et le pied de page aura une couleur grise. Pour afficher l'en-tête ou le pied de page afin d'apporter des modifications, double cliquer sur l'en-tête ou le pied de page.

Chapitre 9
Insérer et modifier un tableau

Microsoft Word permet d'insérer un tableau qui est composé de lignes et de colonnes. L'intersection entre une ligne et une colonne constitue une cellule. Ce chapitre fourni les explications nécessaires pour insérer un tableau avec Microsoft Word 2013.

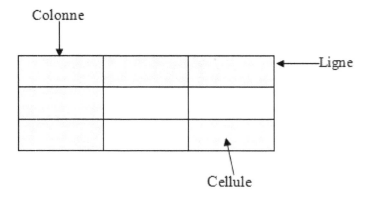

Figure 48 : Tableau composé de deux colonnes et deux lignes

9.1- Insérer un tableau

Pour insérer un tableau, procéder comme suit :

1) Dans le menu **Insertion** / **Insert**, cliquer sur **Tableau** /

Table

Table   Tables

Une liste déroulante s'affiche (présentant une grille et plusieurs options : Insérer Tableau, Dessiner Tableau, Convertir Texte en Tableau, …)

2) Faire glisser le curseur de la souris sur la grille pour sélectionner le nombre de lignes et de colonnes, puis cliquer sur le bouton gauche de la souris.

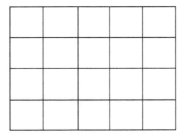

<u>Ou</u>

Cliquer sur **Insérer Tableau** (**Insert Table)** pour accéder à la boîte de dialogue suivante :

Figure 49 : La boîte de dialogue Insérer Tableau

3) Définir le nombre de lignes et de colonnes. Puis cliquer sur **OK.**

Le menu **Conception** de tableau s'affiche après la création d'un tableau. Pour modifier le tableau, vous pouvez utiliser les différents outils de tableau qui deviennent disponibles dans le menu **Conception**.

76

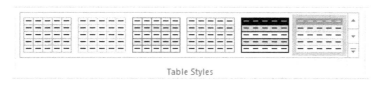

Table Styles

Figure 50 : Le groupe Styles de tableau

9.2- Modifier un tableau

9.2.1- Ajouter une cellule

Pour ajouter une cellule à un tableau, procéder comme suit :

1) Sélectionner une cellule située à l'endroit où vous voulez insérer la cellule ;

2) Faire un clic droit sur la cellule pour afficher une liste déroulante ;

3) Dans la liste déroulante, faire un clic gauche sur **Insertion** ;

4) Cliquer sur **Insertion de Cellules**.

Ce même procédé peut être utilisé pour ajouter des lignes et des colonnes.

9.2.2- Fusionner des cellules

Pour fusionner deux ou plusieurs cellules d'un tableau, procéder comme suit :

1) Sélectionnez les cellules à fusionner ;

2) A l'aide du bouton droit de la souris, cliquez sur les cellules sélectionnées afin d'afficher une liste déroulante ;

3) A partir du bouton gauche de la souris, cliquez sur **Fusionner Cellules** (**Merges Cells**) dans la liste déroulante.

9.3- Supprimer un tableau

Pour supprimer un tableau, procéder comme suit :

1) Sélectionnez le tableau ;

2) Cliquer sur couper ✂ Cut   qui se trouve dans le menu **Accueil**.

Chapitre 10
Imprimer un document

Une fois que vous disposez d'une imprimante, les documents réalisés peuvent être imprimés. Avant l'impression, il est possible de visualiser les documents. Ce chapitre présente les démarches à suivre pour imprimer les textes rédigés dans Microsoft Word ou un autre logiciel.

10.1- Visualiser le document

Au moment d'imprimer un document, il est possible de visualiser les pages du document dans la partie droite de l'onglet **Imprimer** du menu **Fichier** (figure 52).

Vous pouvez aussi modifier la dimension de l'affichage des pages du document à l'écran. Dans le menu **Affichage (View)**, cliquer sur :

- 100% : pour afficher la page à 100%.

- One Page : pour visualiser une page.

- ⊞⊞ Multiple Pages : pour visualiser plusieurs pages.

- ◀⊟▶ Page Width : pour augmenter le zoom.

Cliquer sur l'icône **Zoom** pour afficher la boîte de dialogue **Zoom**. Dans la boîte de dialogue, vous aurez la possibilité de : choisir un zoom, afficher plusieurs pages, visualiser les modifications apportées, ...

Figure 51 : La boîte de dialogue Zoom

80

Dans la boîte de dialogue **Zoom**, cliquer sur l'un des formats suivant en activant la case :

<u>Ou</u>

Dans la case **Pourcentage**, cliquer sur le bouton en haut pour augmenter la dimension de l'affichage des pages du document à l'écran ou cliquer sur le bouton en bas pour diminuer la dimension de l'affichage des pages du document à l'écran.

Choisir le zoom voulu. Puis cliquer sur **OK**.

La dimension de l'affichage des pages du document à l'écran peut être aussi modifiée à partir de la barre d'état. Pour ce, cliquer dans la case Zoom pour augmenter ou diminuer le zoom :

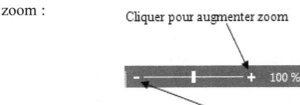

Cliquer pour augmenter zoom

Cliquer pour diminuer zoom

10.2- Impression

Pour imprimer un document, procéder comme suit :

1) Cliquer sur le menu **Fichier** ;

2) Cliquer sur **Imprimer (Print)** ;

3) La figure suivante s'affiche :

Figure 52 : L'onglet Imprimer du menu Fichier

- Dans la partie **Copies**  , choisir le nombre de copies.

- Dans la partie **Imprimante**, choisir l'imprimante

- Dans la partie **Paramètres** (**Settings**), choisir les pages à imprimer :

Settings

Print All Pages
The whole thing

Cliquer sur :

- o **Tout** : pour imprimer toutes les pages du document.
- o **Page en cours** : pour imprimer la page en cours.
- o **Sélection** : pour imprimer des pages sélectionnées.
- o **Page** pour définir les numéros de page à imprimer.

4) Cliquer sur **OK** après avoir tout défini.

Chapitre 11
Quelques fonctions avancées

11.1- Orthographe, grammaire et synonymes

11.1.1- Orthographe et grammaire

Généralement, Word détecte les mots qui ne sont pas présents dans son dictionnaire. Certaines fois, il s'agit de faute d'orthographe que Word souligne par un trait rouge ou de faute grammaticale qu'il souligne par un trait bleu. Pour corriger les fautes d'orthographe et de grammaire, procéder comme suit :

1) Sélectionner le mot ;

2) Cliquer sur le bouton droit de la souris pour trouver les différents mots proposés par Microsoft Word ;

3) Choisir le mot qui convient en cliquant dessus (clic gauche).

11.1.2- Synonyme

Pour trouver le synonyme d'un mot

1) Sélectionner le mot ;

2) Faire un clic droit sur le mot pour afficher une liste déroulante ;

3) Faire un clic gauche sur **Synonyme** pour afficher les synonymes du mot ;

4) Choisir le synonyme qui convient à l'aide d'un clic gauche.

11.3- Insérer une note de bas de page

Pour insérer une note de bas de page, mettre le curseur après le mot qui correspond à la note de bas de page. Dans le menu **Référence**, cliquer sur **Insérer note de bas de Page (Insert Footnote)**. Puis, taper la note de bas de page.

11.4- La fonction WordArt

La fonction WordArt permet d'écrire les mots de façon plus esthétique. Dans le menu **Insertion (Insert)**, cliquer sur **WordArt** WordArt, une fenêtre s'ouvre et offre plusieurs styles :

1) Cliquer sur l'un des styles disponibles ;

2) Une autre fenêtre s'affiche offrant la possibilité de saisir les mots ;

3) Saisir le (s) mot (s). Définir le thème, la taille des caractères;

4) Cliquer sur **OK**.

11.5- Filigrane

Pour mettre un ou plusieurs mots sous forme de filigrane, procéder comme suit :

1) Dans le menu **Conception**, cliquer sur **Filigrane** ;

2) Une liste déroulante affiche plusieurs modèles et des options permettant de personnaliser le filigrane ;

3) Cliquer sur l'un des modèles disponibles.

4) Pour personnaliser le filigrane, cliquer sur **Modifier Filigrane**. Et, une boîte dialogue s'affiche permettant entre autres :

- d'insérer un mot ou une image,

- de modifier le type, la taille, la couleur de la police,

- de choisir l'orientation : horizontal ou vertical.

11.6- Insérer table des matières

Pour insérer une table des matières dans un document Word, procéder comme suit :

1) Sélectionner les titres du texte ;

2) Dans là feuille de styles (figure 30), cliquer sur :

- ▪ Titre 1 : pour un titre de premier niveau.

- ▪ Titre 2 : pour un titre de second niveau.

- ▪ Titre 3 : pour un titre de troisième niveau.

Reprendre les deux premières étapes pour chaque titre du texte séparément.

3) Cliquer à l'endroit où vous voulez insérer la table des matières ;

4) Dans le menu Référence, cliquer sur l'icône **Table des Matières** ;

5) Une liste déroulante s'affiche présentant plusieurs styles de tables des matières et une option permettant de personnaliser la table des matières. Cliquer sur l'un des styles.

11.7- Protéger un fichier Word

Pour protéger un fichier Word, procéder comme suit :

1) Dans le menu **Fichier**, cliquer sur l'onglet **Information** pour obtenir la figure suivante :

Figure 53 : L'onglet Information du menu Fichier

2) Cliquer sur **Protéger Document** ;

3) Une liste déroulante s'affiche offrant plusieurs options :

- Faire un document final (permettant la lecture seule).
- Crypter le document avec un mot de passe.
- Restreindre l'édition du document.
- Ajouter une signature digitale.

4) Cliquer sur l'option désirée.

11.8- Insérer organigramme et graphique

11.8.1- Insérer organigramme

Pour insérer un organigramme, procéder comme suit :

1) Cliquer sur l'icône permettant d'insérer des organigrammes

SmartArt ;

2) Une boîte de dialogue s'affiche présentant plusieurs types d'organigramme, choisir l'un des styles. Ensuite, cliquer sur **OK**.

11.8.2- Insérer graphique

Pour insérer un graphique, procéder comme suit :

1) Sélectionner les données à utiliser dans le graphique ;
2) Dans le menu **Insertion**, cliquer sur l'icône graphique

.

11.9- Publipostage

Le publipostage consiste à lier un document Word avec une source de données. Le publipostage se réalise en deux étapes : la préparation de la source de données et la préparation du document principal.

11.9.1- Préparation de la source de données

Pour créer la source de données, la démarche à suivre est la suivante :

1) Dans le menu **Publipostage** (**Mailings**), cliquer sur l'icône

permettant de créer la source de données .

2) Une liste déroulante s'affiche présentant trois options. Cliquer sur la première option pour créer une nouvelle

source de données. Il est aussi possible d'ouvrir une source de données existante ;

3) Saisir les données ;

4) Cliquer sur **OK** après avoir saisi les données et Microsoft Word vous permettra d'enregistrer la source de données.

11.9.2- Préparation du document principal

1) Cliquer sur l'icône permettant d'insérer les champs **(Insert** **Merge Field)** pour obtenir une boîte de dialogue ;

2) Cliquer sur les noms des champs, cliquer sur **Insérer**. Ensuite, placer les noms des champs à l'endroit désiré dans le document principal ;

3) Dans le groupe **Terminer**, cliquer sur l'icône permettant de mettre fin au publipostage **(Finish&Merge)** ;

4) Cliquer sur l'icône permettant de modifier le document principal **(Edit Individual Documents).**

ANNEXE

Annexe 1 - Raccourcis clavier

Touches	Fonctions
ALT + F4	Quitter Microsoft Word 2013.
PAGE SUIVANTE	Déplacer vers le bas dans une page.
PAGE UP	Déplacer vers le haut dans une page.
TAB	Déplacer dans une zone de liste déroulante ou dans une boîte de dialogue.
CTRL + F	Ouvrir la boîte de dialogue Rechercher.
CTRL + H	Ouvrir la boîte de dialogue Trouver et Remplacer.
MAJ + F10	Afficher le menu contextuel.
CTRL + P	Imprimer
Ctrl + X	Couper une partie d'un texte.
Ctrl + C	Copier une partie d'un texte.
Ctrl + V	Coller une partie d'un texte.

Annexe 2 - Exercices

Exercice 1

1) Lancer Microsoft Word.

2) Taper le texte suivant :

«Microsoft Word est un logiciel de traitement de texte mis en place par la société Microsoft. Ce logiciel permet la réalisation et la modification d'un texte, ce qui facilite la rédaction de documents tels que : lettre, rapport, curriculum vitae,… Plusieurs versions de ce logiciel ont été créées par la société Microsoft. Ce logiciel est utilisé par un grand nombre d'entreprises et aussi par des particuliers vivant dans différents pays. »

3) Sélectionner le texte.

4) Doubler l'espace entre les lignes.

5) Enregistrer le document sous le nom de « **Exercice 1** » dans **Mes Documents**.

Exercice 2

1) Ouvrir le document **Exercice 1**.

2) Sélectionner tout le texte.

3) Modifier la couleur du texte en bleu.

4) Insérer un en-tête et un pied de page :

- Dans l'en-tête du document, taper : Microsoft Word 2013 ;

- Dans le pied de page, saisir votre : nom et prénom.

5) Enregistrer les modifications apportées.

c

Exercice 3

1) Lancer Microsoft Word.

2) Insérer le tableau suivant :

Nom et Prénom	Fonctions
Pierre Jude	Administrateur
Jean Suze	Comptable
Jean Rachel	Secrétaire
Etienne Fritz	Informaticien
Charles Mario	Chauffeur

3) Insérer le titre suivant au tableau : «Tableau I»

4) Centrer et mettre le titre du tableau en gras.

5) Enregistrer le document sous le nom de « **Exercice 3** ».

d

Exercice 4

1) Ouvrir le document **Exercice 3** réalisé dans l'exercice 3.

2) Insérer une colonne au tableau afin de saisir le salaire des employés :

Nom et Prénom	Fonctions	Salaire
Pierre Jude	Administrateur	50000
Jean Suze	Comptable	40000
Jean Rachel	Secrétaire	20000
Etienne Fritz	Informaticien	40000
Charles Mario	Chauffeur	15000

3) Mettre en gras l'en-tête du tableau.

4) Enregistrer le document.

e

Exercice 5

1) Lancer Microsoft Word 2013.

2) Taper le texte suivant :

« Le publipostage consiste à lier un document Word avec une source de données. Le publipostage se réalise en deux étapes : la préparation de la source de données et la préparation du document principal. »

3) Utiliser la fonction WordArt pour insérer ce titre au texte :

4) Insérer un dessin de votre choix au bas du texte.

5) Mettre en filigrane les mots suivants : Microsoft Word.

6) Sauvegarder le document sou le nom de « **Exercice 5** ».

f

Exercice 6

1) Lancer Microsoft Word 2013.

2) Insérer le tableau suivant :

	Janvier	Février	Mars	Avril	Mai	Juin
Observations	590	398	290	920	490	515

3) Représenter graphiquement les données.

4) Insérer une ligne au bas du tableau pour saisir les fréquences comme suit :

	Janvier	Février	Mars	Avril	Mai	Juin
Observations	590	398	290	920	490	515
Fréquences	43	22	12	45	54	22

5) Sauvegarder le fichier sous le nom de « Exercice 6 ».

g

Exercice 7

1) Lancer Microsoft Word.

2) Insérer le tableau suivant :

Mois	Entreprises			Vente cumulée
	Entreprise 1	Entreprise 2	Entreprisse 3	
Mois 1	154000	230250	170240	554490
Mois 2	254500	130450	230240	615190
Mois 3	154000	140250	230250	524500
Mois 4	154000	117250	120200	391450
Total	**716500**	**618200**	**750930**	2085630

3) Centrer les données des colonnes 2, 3, 4 et 5.

4) Mettre en gras les données de la cinquième colonne.

5) Utiliser un des styles du menu **Conception** pour modifier la couleur du tableau comme suit :

h

Mois	Entreprises			Vente cumulée
	Entreprise 1	Entreprise 2	Entreprisse 3	
Mois 1	154000	230250	170240	554490
Mois 2	254500	130450	230240	615190
Mois 3	154000	140250	230250	524500
Mois 4	154000	117250	120200	391450
Total	716500	618200	750930	2085630

6) Sauvegarder le fichier sous le nom de « **Exercice 7** ».

Exercice 8

1) Lancer Microsoft Word.

2) Insérer l'organigramme suivant :

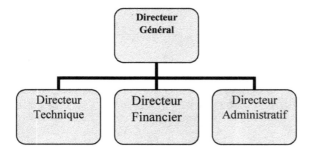

3) Modifier le style de l'organigramme comme suit :

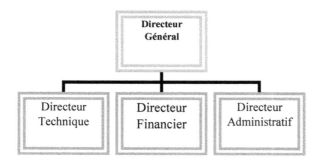

4) Sauvegarder le fichier sous le nom de « **Exercice 8** ».

j

Microsoft Word 2013

Initiation à Microsoft Word 2013

Par : Jackson Gervais

Microsoft Word est un programme d'application qui permet la réalisation de différentes tâches. Cet ouvrage explique l'utilisation de ce logiciel et comprend des exposés théoriques ainsi que des travaux pratiques.

Les grandes lignes abordées dans cet ouvrage sont entre autres : les étapes à suivre pour lancer Microsoft Word, les différentes fonctionnalités de Microsoft Word, les démarches à suivre 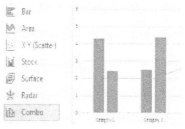 pour rédiger et sauvegarder un texte avec Microsoft Word.

Cet ouvrage est écrit dans un style clair et net visant à faciliter l'apprentissage des débutants.

www.ingramcontent.com/pod-product-compliance
Lightning Source LLC
Chambersburg PA
CBHW071228050326
40689CB00011B/2494